AF454605

DECLARATION DV ROY.

PORTANT CONFIRMATION
des Priuileges de la Compagnie
des deux cens Cheuaux-legers.
de la Garde de la Reyne.

*Verifiée en la Cour des Aydes, le 26. Septembre
mil six cens cinquante-trois.*

A PARIS,
Chez P. ROCOLET, Impr. & Libr.
ordin. du Roy, au Palais.

M DC. LIII.
Auec Priuilege de sa Majesté.

(2h)

DECLARATION DV

Roy : Portant confirmation des Priuileges de la Compagnie des deux cens Cheuaux-legers de la Garde de la Reyne.

Verifiée en la Cour des Aydes.

OVIS PAR LA grace de Dieu, Roy de France & de Nauarre : A tous ceux qui ces preſentes Lettres verront, Salut. Le ſeruice actuel qu'a rendu & que rend en toutes occaſions la Compagnie de Cheuaux-legers de la garde de la

Reyne, noſtre tres-honnorée Dame
& Mere ; Le courage & la fidelité
des Caualiers qui la compoſent, &
l'intention que nous auons toûiours
euë, de ne la traiter pas moins fauo-
rablement que la noſtre, Nous
donnás ſuiet de faire expedier nôtre
Declaration du vingt-troiſiéme Iuillet mil ſix cens quarante-quatre,
pour l'affranchir du payement de la
Taille, & de tous autres ſubſi-
des, pour la faire iouyr des meſmes
priuileges que nos autres Compa-
gnies de Gens-d'armes, & de Che-
uaux legers : Et pour reparer l'ob-
miſſion qui en auoit eſté faite dans
noſtre Declaration du vingt-ſixié-
me Nouembre mil ſix cens quaran-
te-trois, que nons accordâmes à
tous nos Officiers Commençaux,
pour leuer la ſurceance, où le feu
Roy, noſtre tres-honnoré Seigneur

& Pere , auoit tenu leurs priuileges; Nous iugeâmes que l'affiduité
des Caualiers de cette Compagnie
meritoit cette reconnoiffance , &
qu'il n'eftoit pas iufte , pendant
qu'ils eftoient vtilement employez
pour l'intereft de cét Eftat, de fouf-
frir qu'on les comprift aux contri-
butions, à quoy nos autres Suiets
font tenus.   Mais parce que par
vne autre Declaration du vingtiéme
May mil fix cens quarante-cinq,
Nous reuoquions les priuileges de
plufieurs Officiers, & des Compa-
gnies y contenuës, & que fans vne
nouuelle Declaration en leur fa-
ueur, ils demeureroient priuez de
l'effet de la premiere.   Novs,
pour ces caufes, & pour obliger
lefdits Caualiers de la Compagnie
de Cheuaux-legers de la Garde de
la Reyne, noftredite Dame & Mere,

à feruir auec la mefme affection,
qu'ils nous ont feruy iufques à pre-
fent; De l'aduis des Princes, Ducs,
Pairs, Officiers de noftre Couronne, & autres grands & notables
perfonnages de noftre Confeil, de
noftre grace fpeciale, plaine puif-
fance, & authorité Royale, Auons
reuoqué & reuoquons par ces prefentes, fignées de noftre main,
noftre fufdite Declaration du vingt-
tiéme May mil fix cens quarante-
cinq, en ce qui regarde ladite
Compagnie, & tous Arrefts de noftre Confeil donnez fur ce fuiet.
Declarons, voulons & nous plaift,
que les deux cens Caualiers de ladite Compagnie, employez dans
l'eftat cy-attaché, & ceux qui fe-
ront à l'aduenir employez dans les
autres, que nous enuoyerons en
noftre Cour des Aydes, fignez de

Nous, & contrefignez par le Secretaire d'Eftat , & de nos com-
mandemens, ayant le département
de noftre Maifon, iouyffent plainement & paifiblement des Priuileges & exemptions exprimées en
noftre fufdite Declaration du 23.
Iuillet mil fix cens quarante-
quatre, & tout ainfi qu'ils en iouïf-
foient , ou qu'ils en euffent peû
iouyr auant celle du vingtiéme
May mil fix cens quarante-cinq.
Mandons à nos amez & feaux Con-
feillers , les Gens tenans noftre
Cour des Aydes à Paris , Prefidens
& Treforiers Generaux de France
aux Bureaux de nos Finances, Prefidens & Eleus fur le fait de nos
Aydes & Tailles, & à tous nos autres Officiers qu'il appartiendra,
que du contenu en ces prefentes,
ils ayent à faire iouyr plainement

& paifiblement ladite Compagnie
de Cheuaux-legers de la Garde de
noftredite Dame & Mere, enfem-
ble leurs vefues pendant leur vi-
duité, ceffant & faifant ceffer tous
troubles & empefchemens au con-
traire ; Nonobftant tous Edicts,
Arrefts, Reglemens, & Lettres à ce
contraires, aufquelles, & aux déroga-
toires y contenuës, Nous auons dé-
rogé, pour ce regard, par cefdites
prefentes: Et parce qu'on en pourra
auoir befoin en diuers lieux, Nous
voulons qu'aux copies deuëment
collationnées, foy foit adiouftée
comme à l'Original ; CAR tel eft
noftre plaifir, en témoin dequoy
nous auons fait mettre noftre feel
à cefdites prefentes. DONNE' à
Paris le feiziéme iour de Iuillet,
l'an de Grace mil fix cens cinquante-trois;

:te-trois ; Et de noſtre Regne le
vnziéme.   Signé, LOVIS ; Et
ſur le reply , Par le Roy,   D E
GVENEGAVD.
Et encore eſt écrit ;

Egiſtrées en la Cour des *Aydes*,
ouy le *Procureur General du Roy*,
pour eſtre executées ſelon leur forme &
teneur : *A la charge qu'il ſera enuoyé
chacun an en ladite Cour , vn eſtat contenant les noms & ſur-noms de deux
cens Caualiers de ladite Compagnie , en
bonne forme , ſuiuant l'Arreſt du iour-
d'huy donné à Paris en ladite Cour des
Aydes , le vingt ſixiéme iour de Septembre mil ſix cens cinquante-trois.*   Signé,
BEAVSSAN.
Par Ordonnance de la Cour.

B

EXTRAICT DES
Regiſtres de la Cour des Aydes.

EV PAR LA COVR les Lettres Patentes du Roy en forme de Declaration, donnécs à Paris le ſeiziéme Iuillet mil ſix cens cinquante-trois, ſignées LOVIS, & ſur le reply, Par le Roy, de Guenegaud, & ſeellées ſur double queuë du grand Seau de cire jaune : Par leſquelles, & pour les cauſes y contenuës, Le Roy, de l'aduis des Princes, Ducs, Pairs, Officiers de la Couronne, & autres grands & notables per-

ſonnages de ſon Conſeil, & de ſa
grace ſpeciale, plaine puiſſance &
authorité Royalle, auroit reuoqué
ſa Declaration du vingtiéme May
mil ſix cens quarante-cinq, en ce
qui regarde la reuocation des priuileges de la Compagnie des Cheuaux-legers de la Reyne, & tous
les Arreſts de ſon Conſeil donnez
ſur ce ſujet. Declare, veut & luy
plaiſt, que les deux cens Caualiers
de ladite Compagnie, employez
dans l'eſtat attaché auſdites Lettres, & ceux qui ſeront à l'aduenir
employez dans les autres eſtats,
enuoyez en ladite Cour, jouïſſent
plainement & paiſiblement des
Priuileges & exemptions exprimées en ſa Declaration du trei-
ziéme Iuillet mil ſix cens quarante-quatre, & tout ainſi qu'ils en

A ij

iouïſſoient, ou qu'ils en euſſent peû iouïr, auec celle dudit iour vingtié-me May mil ſix cens quarante-cinq, le tout comme plus au long eſt contenu auſdites Lettres adreſ-ſantes à ladite Cour, pour la verifi-cation & enregiſtrement d'icelles. Veu auſſi ladite Declaration dudit iour vingt-troiſiéme Iuillet mil ſix cens quarante-quatre , attachée ſous le contre-ſeel deſdites Lettres. Concluſions du Procureur Ge-neral du Roy , & tout conſideré. LA COVR a ordonné & or-donne, leſdites Lettres eſtre regi-ſtrées au Greffe d'icelle, pour eſtre executées ſelon leur forme & te-neur ; A la charge qu'il ſera en-uoyé chacun an en ladite Cour, vn eſtat contenant les noms & ſur-noms de deux cens Caualiers

de ladite Compagnie, en bonne forme. Prononcé le 26. iour de Septembre mil six cens cinquante-trois. Signé, BEAVSSAN.
Par Ordonnance de la Cour.

Collationné aux Originaux par moy Conseiller Secretaire du Roy & de ses Finances.

Les Originaux des Arrests & piece cy-dessus, sont és mains de Monsieur le Comte du Broutay, Capitaine Lieutenant de la Compagnie des Cheuaux-legers de la Garde de la Reyne, logé en son Hostel, ruë Trauersiere, prés le Palais Royal.

www.ingramcontent.com/pod-product-compliance
Lightning Source LLC
LaVergne TN
LVHW021627170726
843501LV00010B/4194